BEI GRIN MACHT SICH IHR WISSEN BEZAHLT

- Wir veröffentlichen Ihre Hausarbeit, Bachelor- und Masterarbeit

- Ihr eigenes eBook und Buch - weltweit in allen wichtigen Shops

- Verdienen Sie an jedem Verkauf

Jetzt bei www.GRIN.com hochladen und kostenlos publizieren

Bibliografische Information der Deutschen Nationalbibliothek:

Die Deutsche Bibliothek verzeichnet diese Publikation in der Deutschen National-
bibliografie; detaillierte bibliografische Daten sind im Internet über http://dnb.d-
nb.de/ abrufbar.

Impressum:

Copyright © 2018 GRIN Verlag
Druck und Bindung: Books on Demand GmbH, Norderstedt Germany
ISBN: 9783668743397

Dieses Buch bei GRIN:

https://www.grin.com/document/432115

Lisa Sommer

Trainingslehre I. Gesundheitsorientiertes Krafttraining

Erstellen eines Trainingsplans mit Diagnose und Krafttestung für eine 24-jährige Grafikdesignerin

GRIN Verlag

GRIN - Your knowledge has value

Der GRIN Verlag publiziert seit 1998 wissenschaftliche Arbeiten von Studenten, Hochschullehrern und anderen Akademikern als eBook und gedrucktes Buch. Die Verlagswebsite www.grin.com ist die ideale Plattform zur Veröffentlichung von Hausarbeiten, Abschlussarbeiten, wissenschaftlichen Aufsätzen, Dissertationen und Fachbüchern.

Besuchen Sie uns im Internet:

http://www.grin.com/

http://www.facebook.com/grincom

http://www.twitter.com/grin_com

Deutsche Hochschule für

Prävention und Gesundheitsmanagement

Hermann Neuberger Sportschule 3

66123 Saarbrücken

Einsendeaufgabe

Fachmodul: Trainingslehre 1

Studiengang: Bachelor Of Arts Fitnessökonomie

Name, Vorname: Sommer, Lisa

Studienort: **Stuttgart**

Semester: **Wintersemester 2017**

Inhaltsverzeichnis

1 Diagnose

Im Rahmen eines Eingangsgesprächs und speziellen Eingangstests werden allgemeine und biometrische Daten zusammen getragen, dokumentiert und beurteilt.

1.1 Allgemeine und biometrische Daten

Tab. 1: Datensammlung

Alter:	24 Jahre
Geschlecht:	weiblich
Körpergröße:	168 cm
Gewicht:	83 kg
Beruf:	Grafikdesignerin
Trainingsmotive:	Gewichtsabnahme, Schmerzlinderung im Halswirbelsäulenbereich, Körperstraffung, etwas für die Gesundheit tun
derzeitige sportliche Aktivitäten:	keine
frühere sportliche Aktivitäten:	Dressurreiten, 14.-19. Lebensjahr, einmal pro Woche
Zeitlicher Verfügungsrahmen:	4-6 Stunden pro Woche
Body Mass Index (BMI):	29,4 kg/m²
Blutdruck:	132/85 mmHg
Orthopädische Probleme:	Rundrücken
Internistische Probleme:	keine
Medikamente:	keine
Gesundheitliche Einschränkungen:	häufig Schmerzen im HWS-Bereich

1.1.1 Bewertung der Datensammlung

Der Body Mass Index (BMI) ist eine Kennzahl, die das Verhältnis von Körpergewicht zur Körpergröße angibt. Er lässt sich wie folgt berechnen: Körpergewicht geteilt durch das Quadrat der Körpergröße. Die Kundin hat einen BMI in der Höhe von 29,4 kg/m² und ist somit als übergewichtig einzustufen. Für Erwachsene, die über 20 Jahre alt sind, liegt ein normaler BMI zwischen 18,5 kg/m² und 24,9 kg/m² (World Health Organisation (WHO), 2018).

Unter dem Blutdruck versteht man den Druck den das Blut auf die Gefäßwände ausübt. Die Kundin hat einen Blutdruck von 132/85 mmHg (Millimeter Quecksilbersäule), welcher als hochnormal eingeordnet werden muss. Der optimale Wert liegt bei 120/80 mmHg (Deutsche Hochdruckliga e.V. DHL Deutsche Gesellschaft für Hypertonie und Prävention, 2013, S. 7).

Die Schmerzen im Halswirbelsäulenbereich der Kundin, sind ärztlich untersucht worden und auf den Rundrücken zurückzuführen, welcher laut Befund die Folge von Bewegungsmangel und einseitiger Belastung im Beruf ist. Der Kundin wurde ein Fitness- und Gesundheitstraining ärztlich empfohlen.

Abgesehen von den aufgeführten Beschwerden, hat die Kundin keine körperlichen Einschränkungen und kann somit als belastbar eingestuft werden.

1.2 Krafttestung mit Mehrwiederholungskrafttest (X-RM)

Um ein ideales Einstiegsgewicht für das Training zu bestimmen und die Kraftsteigerung und somit den Fortschritt im weiteren Verlauf verfolgen zu können, ist es notwendig einen Krafttest durchzuführen.

1.2.1 Begründung Auswahl des Testverfahrens

Es wird ein Mehrwiederholungskrafttest (X-RM-Test) auf Basis der Individuellen-Leistungsbild-Methode (ILB-Methode) durchgeführt. Das Testverfahren begründet sich durch die spezielle Konzeption der ILB-Methode für den Fitness- und Gesundheitssport (Strack & Eifler, 2005, S. 153). Sie ist außerdem für alle Leistungsstufen geeignet (Strack & Eifler, 2005, S. 160) und somit auch für die Kundin als Anfängerin anwendbar.

Ziel des Tests ist es, das maximal konzentrisch überwindbare Gewicht für eine vorher festgelegten Wiederholungszahl zu ermitteln. Ein Vorteil des X-RM-Tests ist, dass mit der Wiederholungszahl trainiert wird, mit der auch getestet wurde.

1.2.2 Testablauf

Zuerst wird ein fünfminütiges, allgemeines Aufwärmen auf dem Fahrradergometer unter niedriger Intensität durchgeführt, sowie ein spezielles Aufwärmen der betreffenden

Muskelgruppe, in Form von 1-3 Aufwärmsätzen bei denen die Intensität, und die Wiederholungszahl gering gehalten werden, um vorzeitige Ermüdungserscheinungen zu vermeiden. Das Aufwärmen dient der Leistungssteigerung und der Senkung des Verletzungsrisikos (Boeckh-Behrens & Buskies, 2012, S.73).

Im nächsten Schritt wird jede Testübung mit maximal drei Testsätzen und jeweils 20 Wiederholungen durchgeführt. Die Wiederholungszahl orientiert sich am ersten Mesozyklus, ausgehend vom Trainingsziel, auf Grundlage des Grobrasters der ILB-Methode (Tab. 3). Während der Übung ist darauf zu achten, dass die Bewegungsgeschwindigkeit bei jeder Wiederholung identisch bleibt, um eine Verfälschung der Ergebnisse zu vermeiden. Die Testgewichte sind in Tab. 2 abzulesen. Wird im ersten Testsatz die festgelegte Wiederholungszahl erreicht, wird das Gewicht im zweiten Testsatz um 5%, 10% oder 25 %, je nach subjektivem Belastungsempfinden erhöht. Das optimale Gewicht ist ermittelt, wenn die letzte Wiederholung gerade noch technisch korrekt ausgeführt werden kann.

Tab. 2:   Testergebnisse (eigene Darstellung)

Übung	1. Testsatz	2. Testsatz	3. Testsatz	Ergebnis
Beinpresse horizontal	50	55	60	60
Rudern Maschine	15	20	-	20
Latziehen vor die Brust Maschine	15	20	-	20
Rumpfextension Maschine	15	20	25	25
Rumpfflexion Maschine	15	17,5	20	20
Brustpresse	20	25	30	30
Schulterpresse	10	15	-	15
Schenkelanziehen Maschine	20	25	30	30
Schenkelspreizen Maschine	20	25	30	30

1.2.3   Schlussfolgerung und Konsequenzen

Mit Hilfe des ILB-Grobrasters kann anhand der Testergebnisse das richtige Einstiegsgewicht für den ersten Mesozyklus bestimmt werden. Vor jedem folgenden Mesozyklus wird erneut ein Mehrwiederholungskrafttest (X-RM-Test) auf Basis der Individuellen-Leistungsbild-Methode (ILB-Methode) durchgeführt, um die Intensität und die Übungsauswahl an den aktuellen Leistungsstand anzupassen und so den Trainingserfolg zu sichern (Eifler, 2013). Von den Testergebnissen lässt sich außerdem ableiten, dass zwischen der Rücken- und der Brustmuskulatur eine muskuläre Dysbalance vorhanden ist. Dies lässt sich mit der beruflichen Tätigkeit der Kundin als Grafikdesignerin und der damit verbundenen einseitigen Belastung sowie dem Bewegungsmangel erklären (Boeck-Behrens & Buskies, 2012, S. 13). Der Fokus des Trainings sollte also auf den Aufbau und die Stärkung der Rückenmuskulatur gelegt werden.

Tab. 3: Grobraster der ILB-Methode (eigene Darstellung, in Anlehnung an Strack & Eifler, 2005, S. 153)

Leistungsstufe	Dauer (Monate)	Häufigkeit pro Woche	Übungen pro Muskelgruppe	Sätze pro Übung	Intensität in % ILB
Orientierungsstufe	0-1,5	2	1-2	1-2	gering
Anfänger	1,5-6	2	1-2	1-2	50-70
Geübter	6-12	2-3	1-2	2	60-80
Fortgeschrittener	> 12	3-4	1-3	2-3	70-90
Leistungstrainierender	> 36	3-6	1-4	2-4	80-100
• Kraftausdauertraining: 15-30 Wiederholungen • Hypertrophietraining: 8-15 Wiederholungen • Maximalkrafttraining: 5-8 Wiederholungen					

2 Zielsetzung/Prognose

Bei der Zielsetzung werden die Motive der Kundin mit den Ergebnissen der bisherigen Datenerfassung und -beurteilung abgeglichen.

Tab. 4   Ableitung von Zielen (eigene Darstellung)

Inhalt	Ausmaß	Zeit
Gewichtsreduktion	Gewichtsverlust von 6 kg	innerhalb von 26 Wochen
Senkung des Blutdrucks	ca. 10 mmHg systolisch, ca. 5 mmHg diastolisch	innerhalb von 26 Wochen
Schmerzreduktion	spürbar geringere Schmerzen im HWS-Bereich	innerhalb von 26 Wochen

2.1 Messbarkeit der Ziele

Um die Gewichtsreduktion in der Höhe von 6 kg messbar zu machen, wird die Kundin vor der ersten Trainingseinheit und nach Beendigung des Makrozykluses auf einer Personenwaage gewogen. Um Verfälschungen der Ergebnisse zu vermeiden, wird die Messung zur gleichen Tageszeit durchgeführt.

Der Blutdruck der Kundin liegt zwar noch im hochnormalen Bereich, allerdings sollte einer folgenden möglichen Hypertonie entgegen gewirkt werden, um schwerwiegende Folgeerkrankungen wie Arteriosklerose zu vermeiden. Um eine Senkung des Blutdrucks festzustellen wird dieser sowohl vor dem ersten Mesozyklus als auch nach der letzten Trainingseinheit im Ruhezustand, mit einer Oberarmmanschette, beidseitig gemessen und der höhere Wert notiert. Durch ein mindestens 4-wöchiges Krafttraining, kann eine Senkung des systolischen und diastolischen Blutdrucks um ca. 2-4 % erreicht werden (Sorace, Ronai & Churilla, 2013).

Die Schmerzreduktion der Kundin soll anhand der Faces Pain Scale sichtbar gemacht werden. Sowohl vor dem Beginn des ersten Mesozykluses als auch nach der letzten Trainingseinheit soll die Kundin mit Hilfe der Skala ihre, zu dem Zeitpunkt vorhandenen Schmerzen im Halswirbelsäulenbereich beschreiben. Die Null steht hierbei für „keine Schmerzen" und die Zehn für „sehr starke Schmerzen" (International Association for the Study of Pain, 2001).

Abb. 1: Faces Pain Scale (International Association for the Study of Pain, 2001)

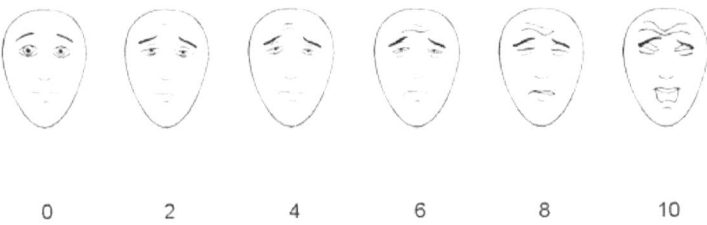

0 2 4 6 8 10

3 Trainingsplanung Makrozyklus

Auf den folgenden Seiten wird die Makrozyklusplanung der Kundin präsentiert und die Inhalte schlüssig begründet.

Tab. 5: Makrozyklus (eigene Darstellung)

	Mesozyklus 1	Mesozyklus 2	Mesozyklus 3	Mesozyklus 4
Dauer:	4 Wochen	6 Wochen	8 Wochen	8 Wochen
Trainingsmethodik:	Kraftausdauer	Übergangstraining	Hypertrophie extensiv	Hypertrophie intensiv
Organisationsform:	GK/Station	GK/Station	GK/Station	GK/Station
Häufigkeit/Woche:	2	2	2	2
Übungen/Muskel:	1 – 2	1 – 2	1 – 2	1 – 2
Sätze/Übung:	2	2	2	2
Intensität:	50-70% ILB	50-70% ILB	50-70% ILB	50-70% ILB
Wiederholungen:	20	15	10	8

3.1 Begründung der Trainingsmethode

Als Trainingsmethode wurde die Individuelle-Leistungsbild-Methode (ILB-Methode) gewählt, da diese speziell für den Fitness- und Gesundheitssport entwickelt wurde (Strack & Eifler, 2005, S. 153). Somit ist sie für die Ziele der Kundin bestens geeignet, da ihr ein Fitness- und Gesundheitstraining von ihrem Arzt nahegelegt wurde, um eine Linderung ihrer Beschwerden zu erzielen. Der erste Mesozyklus umfasst ein Kraftausdauertraining, welches den Stoffwechsel ankurbelt und den Körper formt. Da die Kundin noch nie ein Hypertrophietraining durchgeführt hat, folgt ein Übergangstraining, welches die Gewöhnung an die höhere Trainingsbelastung zum Ziel hat. In Mesozyklus 3 und 4 folgt ein Hypertrophietraining, welches zahlreiche positive Auswirkungen auf den Körper hat. Es führt zu einer Verbesserung der Koordination und der Muskelausdauer und -kraft, einer Zunahme der maximalen Sauerstoffaufnahme und einer Senkung des Ruheblutdrucks (Wonisch, Hofmann, Pokan, Eder, 2009). Im Rahmen einer Studie aus dem Jahr 2011 wurde außerdem eine signifikante Schmerzreduktion im Rückenbereich durch ein Hypertrophietraining an Maschinen festgestellt (Stephan, Goebel, Schmidtbleicher, 2011).

3.2 Begründung der Belastungsparameter

Alle Belastungsparameter basieren auf dem Grobraster der ILB-Methode. Da eine Eingewöhnungsphase bereits stattgefunden hat, kann die Kundin als Anfängerin eingestuft werden und wird mit einer Intensität von 50-70 % des jeweils erzielten Testergebnisses trainieren. Durch die geringe Intensität handelt es sich um ein sanftes Krafttraining. Dieses ist laut Untersuchungen jedoch vollkommen ausreichend für einen signifikanten Kraftanstieg und morphologische Adaptionen (Buskies, 1999). Außerdem stellt ein sanftes Krafttraining geringere kardiovaskuläre Belastungen dar, als ein Krafttraining bis zum Muskelversagen (Buskies, 1999). Die Empfehlung nach dem ILB-Grobraster für zwei Trainingseinheiten pro Woche ist mit dem zeitlichen Verfügungsrahmen in der Höhe von sechs Stunden pro Woche vereinbar. Es werden zwei Sätze pro Übung ausgeführt, da die meisten Studien eine höhere Kraftentwicklung im Rahmen eines Mehrsatz-Trainings zeigten (Buskies & Boeckh-Behrens, 2009). Zwischen den Trainingssätzen findet eine Pause von 60-90 Sekunden statt. Buresh, Berg und French (2008) konnten im Rahmen einer Studie feststellen, dass vor allem bei Untrainierten kürzere Satzpausen (ca. 60 Sekunden) stärkere hormonelle Reaktionen auslösen, welche den Trainingseffekt positiv unterstützen, als lange Satzpausen (>120 Sekunden). Jede Muskelgruppe wird pro Trainingseinheit 1-2 mal trainiert. Die Empfehlung wurde aus dem ILB-Grobraster übernommen.

3.3 Begründung der Organisationsform

Die Trainingseinheiten werden im Rahmen eines Ganzkörpertrainings an Stationen durchgeführt, was mit der Empfehlung des ILB-Grobrasters harmoniert. Ein Split-Training ist auf Grund des zeitlichen Aufwands und der geringen Erfahrung im Krafttraining nicht geeignet.

3.4 Begründung der Periodisierung

Für die Trainingsplanung wurde die klassische lineare Periodisierung gewählt. Bei dieser steigen die Intensitäten stufenweise bei gleichzeitiger Abnahme der Wiederholungszahl im Rahmen der einzelnen Mesozyklen. Dies hat den Vorteil, dass die Kundin langsam an die steigende Belastung gewöhnt wird. Außerdem konnte sich eine klassische lineare Periodisierung im Vergleich zu einer reversen linearen Periodisierung (Intensitäten nehmen stufenweise ab, bei gleichzeitiger Zunahme der Wiederholungen) als effektiver erweisen, was die Kraftsteigerung betrifft (Prestes, DeLima, Frollini, Donatto & Conte, 2009). Eine wellenförmige Periodisierung kommt für die Kundin als Anfängerin nicht in Frage, da bei dieser jede Trainingsmethodik (Kraftausdauer-, Hypertrophie- und Maximalkrafttraining) einmal pro Woche trainiert werden sollte.

4 Trainingsplanung Mesozyklus

Tab. 6:   Mesozyklus 1 (eigene Darstellung)

Mesozyklus 1 Kraftausdauer	
Dauer:	4 Wochen
Trainingsmethodik:	Kraftausdauer
Organisationsform:	GK/Station
Häufigkeit/Woche:	2
Übungen/Muskel:	1-2
Sätze/Übung:	2
Satzpausen:	60-90 Sekunden
Wiederholungen:	20
Intensität:	50-70% ILB
Bewegungstempo:	langsam und kontrolliert
Übungen (Reihenfolge von oben nach unten):	Beinpresse horizontal Rudern an Maschine Latziehen zur Brust an Maschine Brustpresse

Rumpfextension an Maschine
Rumpfflexion an Maschine
Schulterpresse
Schenkelanziehen an Maschine
Schenkelspreizen an Maschine

4.1 Begründung Übungsauswahl

Der Fokus der Übungsauswahl liegt auf der Rückenmuskulatur, da die Kundin unter einer Dysbalance zwischen der Rücken- und Brustmuskulatur leidet. Das Ziel ist hierbei die gesamte Rückenmuskulatur aufzubauen und zu stärken, um die Dysbalance weitgehend auszugleichen, dem Rundrücken entgegenzuwirken und damit eine Schmerzlinderung im HWS-Bereich zu bewerkstelligen.

Die Reihenfolge der Übungen ist so gewählt, dass mehrgelenkige, komplexe Übungen vor eingelenkigen Isolationsübungen trainiert werden. Dadurch wird sicher gestellt, dass die komplexeren Übungen ohne Vorermüdung der Synergisten durchgeführt werden können und so Ausführungsfehler, die zu Verletzungen oder zur Ineffektivität führen können vermieden werden (Bompa & Carrera, 2005, S. 69). Im Verhältnis überwiegen mehrgelenkige Übungen bei der Auswahl, da diese alltagsnah sind und die intermuskuläre Koordination sowie die Beweglichkeit verbessern (Hois & Ziegner, 2006, S. 24).

Da die Kundin Trainingsanfängerin ist, werden alle Übungen an Maschinen durchgeführt. Das Training an geführten Maschinen hat den Vorteil, dass es im Vergleich zum Freihanteltraining wenig Freiraum für Ausführungsfehler bietet. Außerdem können komplexere Bewegungsabläufe durch geführte Maschinen einfacher erlernt werden. Dies hat wiederum zur Folge, dass ein Trainingsanfänger schneller Erfolge erzielt und dadurch motivierter ist, das Training konsequent zu verfolgen. Alle Übungen werden langsam und kontrolliert durchgeführt, damit der Bewegungsablauf sauber ausgeführt, die Verletzungsgefahr reduziert und die Effektivität erhöht werden kann.

Beinpresse horizontal

Bei der Ausführung der Beinpresse horizontal werden primär der vierköpfige Oberschenkelmuskel (M. Quadrizeps femoris), der große Gesäßmuskel (M. Gluteus maximus) und der zweiköpfige Oberschenkelmuskel (M. Bizeps femoris) beansprucht. Ein Vorteil der Übung ist, dass im Vergleich zur Kniebeuge mit einer Langhantel der Rücken weniger belastet wird, da das Gewicht nicht vertikal auf die Wirbelsäule wirkt.

Rudern an der Maschine

Beim Rudern werden primär unter anderem der breite Rückenmuskel (M. latissimus dorsi), der hintere Teil des Deltamuskels (M. deltoideus pars clavicularis), der Kaputzenmuskel (M. trapezius) und der große und der kleine Rautenmuskel (M. rhomboideus minor et major) und sekundär der zweiköpfige Oberarmmuskel (M. biceps brachii) beansprucht. Das Rudern am Gerät ist im Vergleich zum Rudern am Seilzug für die Kundin als Anfängerin besser geeignet, da sie noch nicht über die erforderliche Rumpfstabilisation verfügt, den Oberkörper während der gesamten Übung aufrecht zu halten. Das Trainieren der besagten Muskeln ist für den Aufbau und die Stärkung der Rückenmuskulatur unverzichtbar.

Latziehen zur Brust an der Maschine

Beim Latziehen zur Brust werden primär der breite Rückenmuskel (M. latissimus dorsi), der Kaputzenmuskel (M. trapezius) und der kleine Rautenmuskel (M. rhomboideus minor et major) und sekundär der zweiköpfige Oberarmmuskel (M. biceps brachii) beansprucht. Die Übung hat den selben Vorteil und Nutzen wie das Rudern an der Maschine.

Brustpresse

Beim Training an der Brustpresse wird primär der große Brustmuskel (M. pectoralis major) und sekundär der dreiköpfige Oberarmmuskel (M. triceps brachii) beansprucht. Der große Brustmuskel ist ein Antagonist des breiten Rückenmuskels und der dreiköpfige Oberarmmuskel ein Antagonist des zweiköpfigen Oberarmmuskels. Um einen Gleichgewicht zwischen Protagonisten und Antagonisten zu erreichen, dürfen auch diese Muskeln nicht vernachlässigt werden.

Rumpfextension an Maschine

Bei der Rumpfextension wird primär die autochtone Rückenmuskulatur (M. erector spinae) beansprucht. Diese ist für die Stabilisation der Wirbelsäule verantwortlich und sorgt für eine aufrechte Haltung.

Rumpfflexion an Maschine

Bei der Rumpfflexion wird primär der gerade Bauchmuskel (M. recuts abdominis) beansprucht. Durch das Training des geraden Bauchmuskels kann die Rumpfstabilisation erhöht und möglichen Haltungsschäden vorgebeugt werden.

Schulterpresse

Bei der Schulterpresse wird primär die Schultermuskulatur (M. deltoideus) beansprucht.

Schenkelanzieher an Maschine

Beim Schenkelanziehen werden die Oberschenkeladduktoren (M. adductor longus, M. adductor magnus, M. adductor brevis), der Kammmuskel (M. pectineus) und der schlanke Oberschenkelmuskel (M. gracilis) beansprucht. Die Schenkelanzieher stabilisieren das gesamte Bein.

Schenkelspreizer an Maschine

Beim Schenkelspreizen werden der mittlere Gesäßmuskel (M. gluteus medius), der kleine Gesäßmuskel (M. gluteus minimus) und der birnenförmige Muskel (M. piriformis) beansprucht. Zusammen bilden sie die Oberschenkelabduktoren. Diese stabilisieren das Becken und sind die Antagonisten der Oberschenkeladduktoren.

5 Literaturrecherche

Tab. 7:   Studie 1 – Effekte des Krafttrainings bei Rückenbeschwerden

Titel der Studie:	Krafttrainingstherapie bei männlichen Polizeibeamten mit chronischen lumbalen Rückenschmerzen
Verfasser:	Bereich Arbeitsmedizin der Medizinischen Fakultät, Otto-von-Guericke-Universität Magdeburg: D. Kirchhoff und I. Böckelmann Centrum für Muskuloskeletale Chirurgie, Charité – Universitätsmedizin Berlin: S. Kopf
Jahr der Publikation:	Springer-Verlag Berlin Heidelberg, 2015
Versuchspersonen:	64 männliche Polizeibeamte im Durchschnittsalter von 47,0 ± 7,2 Jahren mit chronischen lumbalen Rückenschmerzen
Versuchsaufbau	Die 64 Teilnehmer der Studie wurden in eine Kontrollgruppe (KG) und in eine Experimentalgruppe (EG) eingeteilt. Alle Patienten erhielten eine gerätegestützte Krafttrainingstherapie. Diese umfasste 24 Therapieeinheiten mit je 60 Minuten. Trainiert wurden die Rumpfextensoren, die Rumpfflexoren, die Rumpflateralflexoren und die Rumpfrotatoren im Rahmen eines Ein-Satz-Trainings. Die Steuerung der Trainingsintensität erfolgte nach dem subjektiven Belastungsempfinden anhand der BORG-Skala. Die Krafttrainingstherapie wurde in 3 Pha-

	sen unterteilt.
	Die erste Phase umfasste 6 Therapieeinheiten innerhalb von zwei Wochen. In dieser Phase wurde im gering intensiven Kraftausdauerbereich trainiert. Zwischen den Trainingseinheiten betrug die Regenerationszeit 48 Stunden und die Pause zwischen den Trainingsübungen 60-90 Sekunden. Die Patienten sollten die Intensität als „recht leicht" (BORG-Skala = 11) bis maximal als „etwas anstrengend" (BORG-Skala = 13) empfinden.Die Reizdauer betrug 70-90 Sekunden.
	Die zweite Trainingsphase umfasste 2 Trainingseinheiten pro Woche in einem Zeitraum von 6 Wochen. Die Regenerationszeit zwischen den Einheiten betrug 72-96 Stunden. In dieser Phase wurde die Intensität deutlich erhöht. Die Patienten sollten diese als „etwas anstrengend" (BORGSkala = 13) bis höchstens „sehr anstrengend" (BORG-Skala = 17) wahrnehmen. Zusätzlich steigerte sich das Trainingsgewicht in jeder Einheit. Die Pause zwischen den einzelnen Übungen betrug 120-170 Sekunden. Die Reizdauer blieb gleich.
	Die dritte Trainingsphase umfasse 6 Trainingseinheiten, welche in einem Abstand von 5 Tagen absolviert wurden. Hier betrug die Regenerationszeit 96-120 Stunden. In dieser Phase wurde bis zur muskulären Erschöpfung trainiert. Auch hier erhöhte sich das Trainingsgewicht in jeder Einheit. Die Trainingsintensität sollten die Patienten als „sehr anstrengend" (BORGSkala = 17) bis „sehr sehr anstrengend" (BORG-Skala = 19) empfinden. Die Reizdauer betrug 30-50 Sekunden und die Pause zwischen den einzelnen Übungen 180-300 Sekunden. In allen Phasen wurden pro Übung 10 Wiederholungen ausgeführt.
	Die 32 Männer der EG erhielten zusätzlich gezielte psychologisch-pädagogische Maßnahmen auf der Basis verhaltenstherapeutischer Methoden. Diese Methoden umfassten Patientenedukation, die motivierende Gesprächsführung, die Konfrontation mit angstauslösenden Situationen z.B. der Angst vor Schmerzen durch körperliche Belastung und das gemeinsame Festlegen von Therapiezielen. Zu Beginn und nach Ende der Therapie wurde eine Beurteilung der Kraft der Rumpfmuskulatur, des Angst-Vermeidungsverhaltens mithilfe des Fear-Avoidance-Beliefs-Questionnaire (FABQ) und der lumbalen Schmerzintensität anhand der visuellen Analogskala (VAS) durchgeführt.
Ergebnisse und Schlussfolgerungen:	Sowohl in der Experimentalgruppe als auch in der Kontrollgruppe konnte eine deutliche Kraftzunahme der Rumpfmuskulatur, eine Abnahme des Angstvermeidungsverhaltens und eine Verringerung der Schmerzen festgestellt werden. Nach Abschluss der Therapie war die FABQ und die VAS bei der Experimentalgrup-

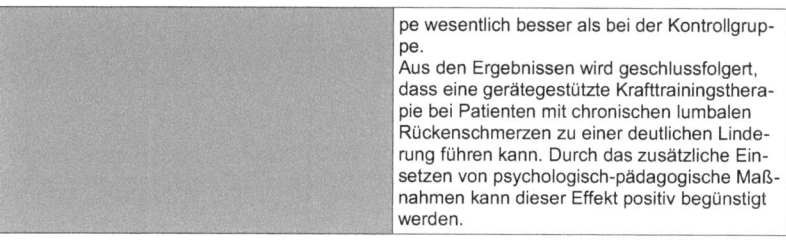

	pe wesentlich besser als bei der Kontrollgruppe. Aus den Ergebnissen wird geschlussfolgert, dass eine gerätegestützte Krafttrainingstherapie bei Patienten mit chronischen lumbalen Rückenschmerzen zu einer deutlichen Linderung führen kann. Durch das zusätzliche Einsetzen von psychologisch-pädagogische Maßnahmen kann dieser Effekt positiv begünstigt werden.

Tab. 8: Studie 2 – Effekte des Krafttrainings bei Rückenbeschwerden

Titel der Studie:	Effekte maschinengestützten Krafttrainings in der Behandlung chronischen Rückenschmerzes
Verfasser:	Abteilung Forschung und Entwicklung, Kieser Training AG: A Stephan und S. Goebel Institut für Sportwissenschaften der Johann Wolfgang Goethe - Universität Frankfurt/Main: D. Schmidtbleicher
Jahr der Publikation:	Deutsche Zeitschrift für Sportmedizin, 2011
Versuchspersonen:	74 Personen mit Rückenschmerzen im Chronifizierungsstadium 1 oder 2
Versuchsaufbau	Die Probanden wurden in eine Trainingsgruppe mit 58 Personen und in eine Warteliste-Kontrollgruppe mit 16 Personen eingeteilt. Die Trainingsgruppe absolvierte in einem Zeitraum von 6 Monaten, 6 mal pro Monat ein 30-minütiges, maschinengestütztes Ganzkörper-Krafttraining. Die Regenerationszeit betrug mindestens 48 Stunden. Die Trainingsintensität betrug 60% der dynamischen Maximalkraft (1-RM). Um eine Veränderung von Schmerz und Beeinträchtigung festzustellen, wurden nach 3 und 6 Monaten die Schmerzskalen Pain Severity (PS), Effects of Pain (EP), eine numerische Ratingskala zur mittleren Schmerzintensität sowie der Oswestry Disability Index (ODI) angewendet.
Ergebnisse und Schlussfolgerungen:	Nach Beendigung der Studie waren 20 Personen der Trainingsgruppe schmerzfrei, von denen zuvor 9 mäßige/starke Schmerzen und 11 leichte/sehr leichte Schmerzen hatten. In der Kontrollgruppe wurden 6 Personen schmerzfrei, von denen zuvor jeweils 3 über sehr leichte bzw. mäßige Schmerzen klagten. Ein Ganzkörper-Krafttraining mit 6 Trainingseinheiten pro Monat eignet sich um die Schmerzen zu lindern, die Beeinträchtigung, welche mit den Schmerzen einher geht zu reduzieren und eine Kraftsteigerung zu erreichen.

6   Literaturverzeichnis

Boeckh-Behrens, W.,-U. & Buskies, W. (2012). *Fitness-Krafttraining. Die besten Übungen und Methoden für Sport und Gesundheit* (15. Aufl.). Rheinbek bei Ham burg: Rowohlt Taschenbuch Verlag.

Bompa, T., O. & Carrera, M., C. (2005) *Periozidation training for sports. Siencebased strength and conditioning plans for 20. sports (2. ed.)*. Campaign, IL: Human Kin tics.

Buresh, R., Berg, K. & French, J. (2009). The effect of resistive exercise rest interval on hormonal response, strength, and hypertrophy with training. *Journal of Strenght and Conditioning Research, 23, S. 62-71.*

Buskies, W. (1999). Sanftes Krafttraining nach dem subjektiven Belastungsempfinden versus Training bis zur muskulären Ausbelastung. *Deutsche Zeitschrift für Sportme dizin ,50 (10), S. 316-320.* Hannover: Verein zur Förderung der Sportmedizin Hannover e.V.

Buskies, W. & Boeckh-Behrens, W.,-U. (2009). Fitness-Gesundheits-Training. Rheinbek bei Hamburg: Rowohlt.

Deutsche Hochdruckliga e.V. DHL® Deutsche Gesellschaft für Hypertonie und Prävention. (2013). *ESC Pocket Guidlines, Leitlinien für das Management der arteriellen Hypertonie, S. 7.* Zugriff am 20.05.2018. Verfügbar unter https://www.hochdruckli ga.de/tl_files/content/dhl/downloads/2014_Pocket-Leitlinien_Arterielle_Hyperto nie.pdf

Eifler, C. (2013). *Empirische Überprüfung der Effekte verschiedener Ansätze zur Intensitätssteuerung im fitnessorientierten Krafttraining.* Dissertation, Universität des Saarlands. Saarbrücken.

Hois, G., Ziegner, K. (2006). Grundlagen des mehrgelenkigen Trainings in Theorie und Praxis. *B&G Bewegungstherapie und Gesundheitssport, 22, S. 18-25.* Stuttgart:

Haug Verlag in Georg Thieme Verlag.

International Association for the Study of Pain. (2001). *Faces pain scale – revised home.* Zugriff am 20.05.2018. Verfügbar unter: https://www.iasp-pain.org/Educati on/Content.aspx?ItemNumber=1519

Prestes, J., DeLima, C., Frollini, A., B., Donatto, F., F. & Conte, M. (2009). Comparison of linear and reverse linear periodizitation effects on maximal strength and body composition. *Journal of Strength and Conditioning Research, 23, S. 266-274.*

Sorace, P., Ronai, P., Churilla, J., R. (2013). Resistance training for metabolic syndrome: Part I. *Strength and Conditioning Journal, 35, S. 64-67.*

Stack, A. & Eifler, C. (2005). *The individual lifting performance method (ILP). A practical method for fitness- and recreational strength training.* In J. Gießing, M. Fröhlich & P. Preuss (eds.) *Current results of strength training research* (pp. 153-163). Hildesheim: Cuvillier.

Stephan, A., Goebel, S., Schmidtbleicher, D. (2011). Effekte des maschinengestützten Krafttrainings in der Behandlung chronischen Rückenschmerzes. *Deutsche Zeitschrift für Sportmedizin, 62, S. 69-74.* Hannover: Verein zur Förderung der Sportmedizin Hannover e.V.

Wonisch, M., Hofmann, P. & Eder, B. (2009). Krafttraining bei Patienten mit kardiologischen Erkrankungen. *Journal für Kardiologie – Austrian Journal of Cardiology 2009; 16, 337-340.* Gablitz: Krause und Pachernegg.

World Health Organisation (WHO). (2018). *Body mass index – BMI.* Zugriff am 20.05.2018. Verfügbar unter http://www.euro.who.int/en/health-topics/disease-prevention/nutrition/a-healthy-lifestyle/body-mass-index-bmi

7 Abbildungs- und Tabellenverzeichnis

7.1 Tabellenverzeichnis

Tab 1: Datensammlung (eigene Darstellung)

Tab. 2: Testergebnisse (eigene Darstellung)

Tab. 3: Grobraster der ILB-Methode (eigene Darstellung, in Anlehnung an Strack & Eifler, 2005, S. 153)

Tab. 4 Ableitung von Zielen (eigene Darstellung)

Tab. 5: Makrozyklus (eigene Darstellung)

Tab. 6: Mesozyklus 1 (eigene Darstellung)

Tab. 7: Studie 1 - Effekte des Krafttrainings bei Rückenbeschwerden

Tab. 8: Studie 2 - Effekte des Krafttrainings bei Rückenbeschwerden

7.2 Abbildungsverzeichnis

Abb. 1: Faces Pain Scale (International Association for the Study of Pain, 2001, https://www.iasp-pain.org/Education/Content.aspx?ItemNumber=1519&navItemNumber=577)